RELATION

DU PASSAGE DU RHIN

*Effectué par l'armée de Rhin-Moselle,
en Floréal an V.*

RELATION

DU PASSAGE DU RHIN

Effectué le premier Floréal an V, entre Kilstett et Diersheim, par l'armée de Rhin-Moselle, sous le commandement du général Moreau.

L'on y a joint une carte très-exacte du cours du Rhin dans cette partie.

Par l'auteur du Mémoire militaire sur Kehl.

A STRASBOURG,

Chez Franç. George Levrault, imprim. libraire, rue des Juifs, N.º 33.

A Paris, chez Fuchs, rue des Mathurins, maison-Cluny.

1797 (an V).

RELATION

DU PASSAGE DU RHIN,

EFFECTUÉ LE 1.er FLORÉAL, AN 5.e,

PAR L'ARMÉE DE RHIN ET MOSELLE (1).

A la fin de la dernière campagne, l'archiduc Charles avoit mis la plus grande importance à nous faire évacuer entièrement la rive droite du Rhin ; il avoit tout sacrifié pour parvenir à ce but : il n'avoit

---

(1) Immédiatement après le siége de Kehl, je crus bien employer quelques instans de loisir en recueillant les détails du passage du Rhin et ceux de ce siége ; le désir d'être utile, et le vif intérêt que je prends à la gloire d'une armée qui s'est surtout caractérisée par un dévouement sans bornes, par une patience et une constance à toute épreuve, et par le ton le plus modeste au milieu des plus brillans succès, me déterminèrent à les publier. A peine le mémoire sur Kehl étoit sous presse, qu'un second passage du Rhin fut projeté et presqu'aussitôt effectué. Ayant osé offrir au public la relation du premier, je crois devoir y joindre celle du second : cet ouvrage est un supplément nécessaire au Mémoire militaire sur Kehl. On aura de l'indulgence pour le style en faveur de mes motifs, et en pensant que c'est un militaire qui

A

pas craint d'épuiser son armée par les fatigues et les travaux immenses (1) de deux longs siéges entrepris en plein hiver, d'y consommer une quantité d'artillerie et de munitions considérable, et qui devoit lui coûter d'autant plus cher que ses dépôts étoient plus éloignés et les transports plus difficiles. Jaloux de s'acquérir le titre de Libérateur de l'Allemagne, son obstination à faire la conquête de deux foibles têtes de pont, l'avoit empêché de faire passer à temps au général Alvinzi les renforts qui eussent été nécessaires à celui-ci pour délivrer Mantoue. Sans doute il n'ignoroit pas les pertes de bateaux que nous avions faites, et le peu de ressources que

---

écrit. On excusera aussi quelques incorrections qui se sont glissées dans mon premier mémoire, lorsqu'on saura que je n'ai négligé d'y donner la dernière main qu'afin de pouvoir me livrer uniquement aux préparatifs du second passage. Quant à la vérité des faits et à l'exactitude, j'espère que l'un et l'autre ne laissent rien à désirer.

(1) Il est incontestable que les travaux des Autrichiens devant Kehl et devant Huningue, forment une somme de plus de cinquante mille toises courantes de tranchées.

nous avions pour remonter nos équipages de pont; et, regardant le Rhin comme une barrière désormais insurmontable pour nous, et croyant que l'armée de Rhin et Moselle se trouveroit pour ainsi dire neutralisée pour toute la campagne de l'an 5.ᵉ, il se flattoit de prendre facilement l'offensive, tantôt sur celle d'Italie, tantôt sur celle de Sambre et Meuse, lorsque l'aile gauche de l'une, l'aile droite de l'autre se trouveroient privées de l'appui de l'armée du centre destinée à former leur lien. Aussi rassembloit-on à Ulm, sous les ordres du général Hotze, un corps de réserve considérable, et placé de manière à pouvoir se porter facilement, soit en Italie, soit sur le bas Rhin, suivant les circonstances. Les calculs du prince Charles se fussent trouvés très-justes, s'il n'eût omis d'y faire entrer pour quelque chose l'audace des Français, l'habileté de leurs généraux à se créer des ressources, et ce génie national pour lequel aucune entreprise n'est impossible, aucun obstacle insurmontable.

D'un autre côté, nos généraux, aussitôt

après la reddition du fort d'Huningue, sen-
tant de quelle importance il étoit pour le
succès de la campagne future, pour l'intérêt public et la gloire de l'armée, qu'elle
repassât le Rhin, et portât le théâtre de la
guerre sur le territoire de l'ennemi, s'oc-
cupèrent des moyens d'y parvenir. La
réussite du premier passage sembloit rendre
celle d'un second beaucoup plus difficile.
On devoit présumer que l'ennemi seroit sur
ses gardes, et qu'il éviteroit les fautes qu'il
avoit commises l'année précédente ; il savoit
trop combien nous avions d'intérêt à tenter
ce passage, pour qu'on pût croire qu'il né-
gligeât les moyens de le faire échouer, et
pour qu'on pût espérer de pouvoir le surprendre et lui donner le change. On pensa
avec raison qu'on ne pouvoit réussir qu'en
accumulant une masse de moyens considérable, suffisante pour lui donner de la ja-
lousie sur plusieurs points à la fois, afin de
diviser son attention, et pour débarquer
d'un seul transport, à celui sur lequel il eût
conçu le moins de soupçon, des forces assez
imposantes pour se maintenir contre ses
premiers efforts.

Les événemens de la campagne précédente, et les siéges de Kehl et d'Huningue, avoient consommé beaucoup de bateaux. A la vérité, le commerce de Strasbourg pouvoit en fournir assez pour suffire à l'embarquement d'un corps de troupes nombreux ; mais ces bateaux, étant d'un trop grand modèle, et trop lourds pour être transportés sur des haquets, ne pouvoient être utilisés que pour des attaques voisines de cette place, et au débouché desquelles on eût pu les conduire par eau. Les bateaux de la rivière d'Ill, plus légers et transportables par terre, étoient conséquemment la seule ressource dont on pût tirer parti pour les autres attaques : il eût donc fallu en avoir sur différens points des rassemblemens considérables. Mais le nombre des bateaux existant sur toute cette rivière étoit très-limité. La totalité même (1), en supposant

____

(1) Les ressources en bateaux étoient bien diminuées par les pertes qu'on avoit faites depuis la guerre, et par le peu d'intérêt que les propriétaires eux-mêmes prennent à leur conservation, dans la crainte con-

qu'on eût pu parvenir à l'enlever, n'eût pas suffi pour une opération de cette nature, pour le succès de laquelle il falloit menacer l'ennemi sur plusieurs points à la fois. Ces considérations décidèrent les généraux à faire quelques sacrifices, malgré l'extrême pénurie d'argent où l'on se trouvoit : ils ordonnèrent des constructions de bateaux (1) sur la haute Saone, sur la Sarre, et à Stras-

---

tinuelle où ils sont de se les voir enlever par des réquisitions.

(1) Les bateaux d'artillerie, uniquement destinés à la construction des ponts, très-solides et très-commodes pour cet usage, sont mal disposés pour servir à des débarquemens. De là résulte l'inconvénient d'être obligé d'avoir pour une expédition, des bateaux de pont, et tout à la fois des bateaux de transport; ce qui complique infiniment cette partie du service, et exige un bien plus grand nombre de bateliers. L'avantage d'avoir des bateaux qui fussent à la fois assez spacieux pour embarquer des troupes, assez légers pour être transportés sur des haquets, et assez solides pour l'établissement des ponts, s'étoit fait sentir depuis long-temps à l'officier d'artillerie actuellement chargé de ce service à l'armée du Rhin. C'est lui qui a proposé immédiatement après le siége de Kehl le nouveau modèle de bateaux actuellement en construction et qui seront propres à ce double usage. Il se propose d'indiquer au gouvernement des changemens impor-

bourg , et ils passèrent des marchés pour cet objet avec des entrepreneurs qui s'engagèrent à les fournir au bout d'un terme très-rapproché. On vouloit en avoir au moins deux cents : alors, avec ces ressources, on eut pû se croire en mesure de passer le Rhin, parce qu'on eût pu en faire paroître en même temps, sur chacun des différens points où l'on eût voulu attirer l'ennemi, une quantité assez considérable pour une attaque réelle.

Mais la construction de ces bateaux et leur rassemblement, quelque célérité qu'on y mît, ne pouvoient guères être terminés avant la fin de Prairial (1). L'armée man-

---

tans à faire aux équipages de ponts de bateaux, et que l'expérience qu'il a acquise lui a démontré devoir être très-avantageux à la célérité de la manoeuvre, et à la sûreté des expéditions, qui ne dépendront plus des propriétaires des bateaux de commerce, et du plus ou moins de zèle des corps administratifs.

(1) On ne sera pas étonné de la difficulté de ce rassemblement, si on réfléchit qu'outre la disette des moyens de transport, qui est générale, la plupart de ces bateaux, venant de la Sarre et de la haute Saone, ne pouvoient être amenés sur le Rhin que par terre et en traversant la chaîne des Vosges.

quoit d'ailleurs de chevaux d'artillerie, et les secours de tout genre que le gouvernement lui faisoit espérer n'étoient pas encore arrivés; on ne devoit donc pas présumer que l'armée de Rhin et Moselle fût en état de rentrer en campagne avant la fin du printemps, et le général en chef quitta l'armée et partit pour Paris, afin de presser l'arrivée des renforts et des secours qu'on lui avoit promis.

A l'armée d'Italie, il n'y eut, pour ainsi dire, d'intervalle entre les deux campagnes qu'une promenade militaire dans les états du pape. Dès le commencement de Germinal, la nouvelle de la prise de Gradisca, de Gorize et de Trieste, celle du combat de Tarvis arrivèrent à l'armée du Rhin; peu de temps après, on y apprit l'abandon du Tirol par l'armée de l'archiduc, qui nous laissoit maîtres des gorges d'Inspruck et de Neumark.. Le général Désaix, commandant par intérim, sentit combien il étoit indispensable d'agir offensivement de notre côté, pour faire en faveur de Buonaparte une diversion qui lui étoit nécessaire. Attaquer l'ennemi dans le Palatinat n'auroit pas rempli le but que l'on se proposoit : l'armée de Sambre et Meuse étoit prête à se porter sur la rive droite ; il falloit donc que celle de Rhin et Moselle, destinée par sa position à servir de liaison aux deux ailes de notre système militaire, passât le Rhin, et qu'elle se portât assez avant pour former le centre de la ligne. Le salut de l'armée d'Italie, l'intérêt de la patrie, celui de notre gloire exigeoient impérieusement que l'on ouvrît la campagne, et que le passage ne fût pas différé plus long-temps.

En sentir la nécessité, et se déterminer à l'entreprendre, ne furent qu'une même chose. Mais comment passer le Rhin, avant que les équipages de pont soient entièrement réparés, avant que les bateaux de nouvelle construction soient finis, avant que les chevaux qui sont attendus pour monter l'artillerie et pour mouvoir ces équipages soient arrivés ? Le passage sur Kehl, le plus facile dans d'autres circonstances par la proximité de Strasbourg, étoit devenu impossible par la baisse extraordinaire des eaux, qui avoit laissé le bras Mabile à sec, et parce que l'ennemi, inquiet sur ce point, y avoit accumulé les ouvrages, et rendu la plaine absolument impraticable, en laissant subsister toutes ses tranchées du siége. Il falloit donc passer ailleurs, et conséquemment faire choix d'un endroit favorable; et à peine restoit-il assez de temps pour quelques reconnoissances. On n'avoit pas un seul cheval pour le transport des ponts et des bateaux (1); on ne pouvoit donc effectuer le passage que dans un lieu où il y eût possibilité de les faire arriver par eau, et ces points étoient infiniment rares par rapport à la sécheresse, qui avoit rendu la navigation impossible dans presque tous les bras du Rhin. On ne se dissimuloit pas ces difficultés insurmontables, et mille autres moins importantes; néanmoins on vouloit

---

(1) Le terme qu'on s'étoit fixé étoit si rapproché, qu'on n'eût pas même eu le temps de rassembler par le moyen des réquisitions la moitié des chevaux qui eussent été nécessaires pour être à l'aise. D'ailleurs, les mesures qu'il faut prendre pour ces réquisitions sont si peu susceptibles de secret, que c'eût été faire part de notre projet à l'ennemi que de les employer.

passer le Rhin dans le plus bref délai , et on le vouloit avec cette constance , cette fermeté de résolution , qui bravent tous les obstacles et qui parviennent à les surmonter : on le vouloit , et on l'a fait.

L'absence du général en chef , et le peu de progrès des constructions de bateaux , qui étoient à peine commencées , pouvoient à la vérité inspirer à l'ennemi une sécurité qui nous fût avantageuse : mais il étoit toujours très-difficile d'enlever , sans qu'il le sût , tous les bateaux de la rivière d'Ill , qu'il falloit aller chercher jusqu'à Colmar ; de les rassembler , et de les conduire au lieu désigné pour l'expédition , avec assez de célérité pour qu'il n'eût pas le temps d'en être averti. Le manque d'eau , qui avoit également lieu dans la rivière d'Ill , étoit aussi un obstacle à l'extrême rapidité qu'il eût fallu donner à cette marche de bateaux pour surprendre l'ennemi , et le peu de bonne volonté qu'ont en général les bateliers (1)

---

(1) Ce n'est pas seulement par leur répugnance à fournir leurs bateaux que les bateliers ont manifesté leur mauvaise volonté ; les individus de cette classe

pour les donner, exigeoit qu'on mît beaucoup de prudence et de fermeté dans les
mesures à prendre pour les leur enlever.

D'un autre côté, l'impossibilité d'avoir des
chevaux ne laissoit pas de choix pour le
point d'attaque. Les eaux continuoient à
baisser de jour en jour, et l'embouchure
de la rivière d'Ill dans un bras du Rhin,
et de ce bras dans le grand courant, étoit
le seul endroit par lequel on pût encore
espérer de réussir, et cela dans toute l'éten-

en général se sont constamment refusés à payer de
leur personne dans les circonstances où la patrie a
réclamé leurs services. Mais, pour être juste, en dé-
nonçant au public l'égoïsme de la majorité, je dois
appeler sa reconnoissance à l'égard de ceux qui ont
donné des preuves de zèle et de dévouement. Les
bateliers et les pêcheurs de Strasbourg avoient été
requis pour aider les pontonniers, aux seconds transports, lorsqu'il n'y auroit plus de danger : de quatre-
vingts environ il ne s'en est présenté que trente-trois,
qui ont travaillé bien en arrière de l'attaque. Les nom-
més Daniel et Jacques Rockenbach, Schneider, Geor-
ges Eckert, père et fils, Vetter et Ulrich, sont les seuls
qui ont paru au lieu du passage. On a remarqué
avec eux le citoyen Thiébault Helck, vieillard septua-
génaire, qui, ayant déjà deux de ses fils dans le corps
des pontonniers, est venu avec son troisième fils, et
s'y est distingué par son zèle.

due de ce fleuve occupée par l'armée. Ce bras, qui vient de la Wantzenau à Kilstett, étoit même barré par deux gués presqu'à sec, *l*, *l*, que les bateaux les plus légers ne pouvoient franchir qu'à force de bras. La position de l'ennemi sur la rive droite étoit assez avantageuse pour nous faire regarder notre premier établissement comme devant être très-difficile. Il avoit un poste considérable en *d*, d'où il pouvoit voir arriver les embarcations plus de trois cents toises avant leur débouché dans le grand courant; il avoit aussi, en *e*, une batterie de deux pièces de canon, soutenue par un poste encore plus important, et cette batterie enfiloit parfaitement le grand Rhin, et voyoit les bateaux dès leur débouché. On ne pouvoit pas espérer de surprendre cette batterie, puisque le poste *d* devoit nécessairement lui donner l'éveil plus d'un quart d'heure d'avance; et d'ailleurs l'ennemi avoit encore un poste très-fort à la maison du péage, *c*, et les moindres graviers étoient garnis de sentinelles très-rapprochées. Il paroissoit avoir conçu quelques inquiétudes sur ce point, qui étoit le même où l'on avoit tenté le 6 messidor précédent un débarquement qui n'avoit pas réussi, et tout devoit faire présumer que ce passage seroit beaucoup plus épineux que celui de l'an 4.ᵉ, car on avoit eu pour celui-ci plus de moyens, et plus de temps pour faire des dispositions et en reconnoître les localités.

En différant de quelques jours, on eût pu espérer que les pluies donneroient assez d'eau pour rendre le bras i, i, navigable, sans cependant nous ôter l'avantage des basses eaux qui ne grossissent considérablement dans le grand Rhin que dans la saison des fortes chaleurs ; on eût eu le temps de faire des reconnoissances plus exactes, d'arrêter des plans plus précis et mieux combinés, et de rassembler plus de moyens : mais la nécessité d'entrer promptement en campagne, pour ne pas compromettre l'armée d'Italie, et ne pas donner le temps à l'ennemi de se rassembler, exigeoit la plus grande célérité. Le jour du passage fut fixé au premier floréal, et, faute de temps et de moyens pour mieux faire, rassuré d'ailleurs par l'extrême bravoure de nos troupes, l'ardeur et le zèle des généraux qui devoient les commander, on s'arrêta au projet dont je vais donner les détails.

Il fut donc convenu que le passage principal s'effectueroit en avant de Kilstett, qu'il n'y auroit que cette attaque de réelle, et qu'on y emploîroit quarante bateaux de commerce de la rivière d'Ill (pouvant porter chacun soixante à soixante et dix hommes), un bateau plat, pour passer du canon et des munitions, et douze grands bateaux de Strasbourg (1). Ces embarcations, desti-

____

(1) Il étoit très-douteux que les grands bateaux pussent franchir les gués *l*, *l*; aussi n'étoient-ils regardés que comme un moyen supplémentaire : et, comme on étoit décidé à ramener les bateaux à la rive gauche aussitôt après le premier débarquement effectué, pour embarquer de nouvelles troupes, et que ceux d'Ill se manoeuvrent avec beaucoup plus de rapidité et dérivent bien moins que les grands, on eût peut-être mieux fait d'abandonner entièrement ceux-ci, attendu surtout que les eaux qu'on avoit espéré voir grossir de quelques pouces, étoient au contraire diminuées. Cela eût rendu disponibles soixante des meilleurs bateliers, qui ont été employés en pure perte, et qui, répartis sur les bateaux légers, capables de débarquer d'une seule fois plus de deux

nées uniquement aux débarquemens, après avoir déposé les troupes d'avant-garde à la rive ennemie, devoient revenir sur-le-champ à la rive gauche, y chercher de nouvelles troupes, et continuer successivement cette manœuvre, pendant qu'on travailleroit à consolider les communications au moyen d'un pont volant et d'un pont dont les bateaux devoient suivre immédiatement ceux de transport. Quant aux agrès du pont, il étoit impossible qu'ils fussent chargés dans les bateaux, et l'on espéra trouver près du département (1) quelques ressources en chevaux pour les conduire par terre de Strasbourg au lieu désigné.

---

mille hommes, en eussent considérablement accéléré la manoeuvre.

(1) A cinq heures du soir il n'y avoit pas plus de deux cents chevaux rassemblés, et l'on n'avoit pas encore la certitude d'en avoir la moitié de ce qui étoit nécessaire, non-seulement pour les équipages de pont, mais encore pour l'artillerie et les munitions. Qu'on juge par là combien une pareille opération est épineuse, lorsque, par la crainte d'en éventer le projet, on est obligé d'attendre le dernier moment pour en faire les préparatifs, et combien d'entraves on éprouve pour les moyens d'exécution qui se trouvent indépendans des chefs militaires.

Il fut arrêté que l'embarquement se feroit au point *a*, près de l'angle d'une digue derrière laquelle étoit un espace convenable pour le rassemblement d'une grande quantité de troupes.

Les barques et les troupes d'embarquement devoient se partager en trois colonnes, pour aborder à trois points différens. La première, de six bateaux d'Ill, devoit entrer dans le petit bras *h*, et venir aborder en terre ferme dans une lisière de grand bois devant Freystett; la seconde, formée de dix-sept bateaux d'Ill, ayant à sa suite la moitié des grands bateaux, dans la supposition qu'ils eussent pu arriver, devoit aborder la batterie *e*; et la troisième, composée du même nombre de bateaux, devoit débarquer en *b*, sur un gravier fort étendu, qui n'étoit séparé de la terre ferme et du grand bois de Diersheim que par des petits bras guéables, et sur l'un desquels étoit un petit pont de quatre pieds de largeur, propre à l'infanterie (1).

____

(1) Ce petit pont avoit été reconnu par le citoyen Marion, chef de bataillon du génie; on savoit aussi

Le pont volant devoit ensuite s'établir en *o*, et le pont de bateaux en *k*, à hauteur du village de Gambsheim. En attendant l'établissement du pont volant, un grand bac ou bateau plat devoit passer du canon, des munitions et quelques chevaux, et les débarquer sur le même gravier désigné pour le débarquement de la troisième colonne.

Cette principale attaque devoit être secondée par deux fausses attaques supérieures, l'une à la batterie de Béclair, l'autre à la pointe des épis au-dessus de Kehl, et par une inférieure aux îles de Dalhundhen, vis-à-vis le village de Grefferen. On devoit d'ailleurs inquiéter l'ennemi par du canon tiré sur toute la rive gauche, depuis Brisack jusqu'au Fort-Vauban.

La première de ces fausses attaques, où l'on devoit débarquer trois cent soixante

---

qu'en se dirigeant à droite dans l'île en avant de Diersheim, on pouvoit marcher sur le village de Honau, en suivant les digues qui barrent les petits bras et les vieux Rhins sur la rive droite. On avoit un guide qui connoissoit ces localités.

hommes, et pour laquelle on avoit fait ab-solument les mêmes dispositions qu'au 6 messidor précédent, devoit être commandée par le citoyen Dehnain, aide-de-camp du général Montrichard. Elle avoit pour but de s'emparer d'une grande île en face de la bat-terie de Béclair, et de s'y maintenir assez long-temps pour donner à l'ennemi d'autant plus d'inquiétude, que cette île ne se trou-voit plus séparée du continent que par des bras guéables. Quoiqu'il se soit trouvé en force dans cette île, on est parvenu à s'y établir, et cette fausse attaque a bien rempli son objet.

A la pointe des épis, là même où s'étoit effectué le passage du 6 messidor, on devoit se contenter de faire un feu très-vif de nos batteries de la rive gauche, d'y montrer quelques bateaux, et avoir l'air de menacer d'un débarquement sur les îles de l'estacade, des escargots, et d'Ehrlenrhin.

Quant à l'attaque des îles de Dalhundhen, on auroit pu la rendre très-importante, si on avoit pu y rassembler un nombre de bateaux suffisant. Nous sommes maîtres de ces îles, et du principal bras du Rhin, qui est actuellement de notre côté. Le second bras qui nous restoit à franchir pour nous porter sur le village de Grefferen, quoique fort large, passoit néanmoins pour être guéable en deux endroits. Mais comme on ne pouvoit y conduire des bateaux, on fut obligé de se borner pour cette attaque à quatre petites nacelles, deux bateaux d'Ill, et un bateau plat, qui servoient ordinairement à la communication de ces îles, et l'on ne put y employer que quatre cents hommes. Cette attaque devoit être commandée par le citoyen Euvrard, adjoint aux adjudans-généraux. Elle eut tout le succès qu'on pouvoit en attendre relativement à son peu de moyens.

Il fut convenu que l'attaque principale déboucheroit à trois heures et demie, un peu avant le point du jour, et que les fausses attaques se feroient à la même heure, mais plutôt après qu'avant.

Tel fut le plan de cette expédition, pour laquelle on tira parti de toutes les ressources que le pays et l'armée pouvoient fournir, et dont l'emplacement fut désigné au lieu le plus favorable , et pour ainsi dire le seul de tout le cours du Rhin où elle fût possible , dans l'état où se trouvoit le fleuve. Nombre de contrariétés imprévues qui se sont rencontrées dans l'exécution , ont empêché que ce plan n'ait été strictement suivi dans toutes ses parties ; mais le succès n'en est que plus glorieux pour l'armée qui l'a obtenu par son courage , et pour les chefs qui l'ont préparé par leur intelligence, et l'ont décidé par leur habileté à changer leurs premières dispositions et à les varier, selon que l'exigeoient de nouveaux incidens.

Une des plus grandes difficultés dans les préparatifs étoit de s'emparer de tous les bateaux existans sur la rivière d'Ill, en commençant cette opération assez tôt pour avoir le temps de les conduire du port le plus éloigné au point d'embarquement, et en même temps assez tard pour que la nouvelle de cet enlèvement n'eût pas le temps d'arriver à l'ennemi. Il falloit aussi la faire simultanément par tout, et y mettre beaucoup de mystère et de circonspection, pour éviter que les propriétaires ne soupçonnassent d'avance qu'on avoit le projet de les leur prendre ; car alors, soit en les cachant dans des petits bras connus d'eux seuls, soit en les coulant bas, ils en eussent soustrait la plupart à la réquisition. Voici comme on s'y prit pour réussir à les rassembler tous, et à n'en pas laisser échapper.

Le 29 germinal, au point du jour, on fit trouver des détachemens de l'armée, sous divers prétextes, dans tous les ports de la rivière d'Ill. On avoit combiné la marche des détachemens de pontonniers destinés à conduire les bateaux, de manière à ce qu'ils y arrivassent à la même heure ; et à cinq heures, les commissaires du directoire exécutif, ou leurs agens, secondés par les commandans militaires, mirent en réquisition et firent enlever sur le champ tous ceux qui existoient sur tout le cours de la rivière.

Cette opération fut très-bien exécutée (1),

____

(1) Le citoyen Braun, officier de pontonniers, chargé de cet enlèvement, y a mis beaucoup de zèle et

et le 29 au soir on apprit avec satisfaction qu'il arrivoit à Erstein soixante bateaux, dont près de cinquante en bon état. On les y arrêta, pour qu'ils n'arrivassent pas trop tôt à Strasbourg, et l'on donna à leur escorte l'ordre d'y d'attendre des haquets qui viendroient les y prendre, pour de là les conduire par terre à Brisack. Le 30, ils furent dirigés sur Strasbourg, où ils arrivèrent à midi; on s'y arrêta pour en séparer ceux qui étoient destinés aux fausses attaques, et organiser les différentes colonnes de débarquement.

Malgré toutes les précautions qu'on avoit prises pour que le secret ne fût pas éventé, ces opérations ne purent avoir lieu sans

---

d'intelligence ; c'est à la fermeté qu'il a déployée dans les mesures qu'il a prises, qu'on doit le plein succès de cette opération. On ne peut trop se louer aussi des peines que se sont données les citoyens André et Démichel, commissaires du directoire exécutif près l'administration du département et près l'administration municipale de Strasbourg, pour nous seconder, et pour applanir les difficultés que la malveillance et l'égoïsme ne manquent pas de susciter en pareille circonstance.

donner de grands soupçons (1). Le public étoit pénétré de l'idée d'un passage très-prochain ; mais personne n'en désignoit ni le lieu ni l'époque précise. Le 30 à midi, il ne fut plus possible de donner le change sur l'objet de ces mouvemens, et l'on ne devoit pas dès-lors espérer de réussir par une surprise : on devoit donc s'attendre à la nécessité de redoubler d'audace pour le premier abord, et de célérité dans les manoeuvres pour l'établissement des communications.

---

(1) Ce secret avoit transpiré par les administrations des vivres, qui, chargées de préparer à Strasbourg une quantité de pain considérable, avoient pénétré les motifs de cette fourniture extraordinaire. D'ailleurs on savoit trop, combien il étoit intéressant pour l'armée de débuter par passer le Rhin en entrant en campagne, pour qu'au premier mouvement de troupes ou de bateaux on ne supposât pas qu'un passage en étoit l'objet. L'ennemi convient qu'il fut prévenu de notre dessein plusieurs jours d'avance; mais il paroît qu'il prit le change sur le point où il devoit s'effectuer, et qu'il crut que ce seroit à Brisack. Un rassemblement d'infanterie considérable, que le général Schawenbourg avoit réuni à Colmar pour l'inspecter et l'exercer, et les ordres donnés pour la marche des pontonniers et des bateaux vers le haut-Rhin, ont sûrement été les causes de son erreur.

La flotille, qui commença à se mettre en marche vers deux heures, étoit composée, pour les débarquemens, de huit nacelles, quarante bateaux d'Ill, douze grands bateaux, avec un bac ou bateau plat; de trois bateaux, et quatre nacelles pour un pont volant, et de cinquante-cinq bateaux d'artillerie pour un pont.

Les eaux étant extrêmement basses, la navigation étoit très-lente; néanmoins on avoit bien au-delà du temps nécessaire pour arriver à l'entrée de la nuit aux barres l, l, où l'on manquoit d'eau, et de là, après avoir franchi ces obstacles, on pouvoit arriver facilement pour une heure du matin au point d'embarquement. Mais vers le soir il s'éleva une forte tempête, et un vent très-impétueux et directement contraire, qui retardèrent considérablement la marche des bateaux, ensorte que la nuit, extrêmement obscure et orageuse, les surprit vers la Wantzenau avant qu'ils fussent entrés dans le bras i, i, dont la navigation étoit encore plus lente et les eaux plus basses que dans la rivière d'Ill. La difficulté de reconnoître les passes dans l'obscurité, fut cause que plusieurs de ces bateaux, que l'orage rendoit d'ailleurs difficiles à gouverner, échouèrent sur des graviers, et n'arrivèrent pas à l'heure prescrite, au point d'embarquement. Les bateaux d'Ill n'ont point de rames; elles leur sont inutiles pour naviguer sur cette rivière, où l'on trouve le fond par tout: mais, pour traverser le Rhin, il étoit nécessaire qu'ils en fussent munis; on y avoit pourvu à l'arsenal, et l'on avoit envoyé sur un bateau celles qui y avoient été construites, pour les répartir sur tous les autres. Ce bateau, plus chargé, s'engrava tellement qu'il ne fut plus possible de le remettre à flot (1), et l'on fut obligé d'envoyer de l'infanterie

(1) Le général en chef, qui étoit arrivé de Paris l'avant-veille, se jeta dans l'eau jusqu'à la ceinture pour aider à dégager ce bateau. Il travailloit lui-même dans l'eau avec le général Désaix, et plusieurs officiers de l'état-major, à tirer sur des cordages destinés à faire franchir aux bateaux la barre la plus considérable, et que la baisse des eaux laissoit presqu'à sec. On doit être peu surpris de ce que peut faire le soldat français, lorsqu'on voit son général lui donner l'exemple et ne pas dédaigner de partager avec lui les plus pénibles travaux.

au lieu où ce bateau étoit échoué, pour y prendre ces rames, et les apporter sur les épaules au point d'embarquement.

Le point du jour commençoit à paroître, et il n'étoit encore arrivé en *a* qu'une vingtaine de bateaux d'Ill. On les remplissoit de troupes à mesure qu'ils arrivoient; mais il étoit trop tard pour que le débarquement pût être favorisé par l'obscurité, et il falloit prendre le parti de déboucher en plein jour.

Trente-trois bateaux furent remplis. Sur les six premiers, formant l'avant-garde, étoient embarquées deux compagnies de grenadiers, et un bataillon de la 76.e demi-brigade, aux ordres de l'adjudant-général Heudelet; les aides-de-camp Grobrect et Savari montoient les premiers bateaux (1). Sur une seconde division, formée de quinze bateaux, étoit embarquée une partie de la 100.e demi-

---

(1) Le premier bateau étoit conduit par le citoyen Henri Zabern, capitaine de pontonniers, le même qui déjà avoit conduit l'avant-garde à Kehl, au 6 messidor précédent.

brigade (1), sous les ordres du général Vandamme, et de l'adjudant-général Garobiau. Le général Duhesme, commandant en chef l'attaque, y étoit en personne.

La troisième division, formée de douze bateaux, commandée par le général Davoust, et l'adjudant-général Demont, portoit le reste de la 100.ᵉ

Le canon des fausses attaques supérieures et inférieures, et sur-tout celui de Kehl, se faisoit entendre depuis long-temps (2); il étoit près de six heures, et il faisoit grand jour lorsqu'on se mit en marche. Il n'y

____

(1) Le citoyen Goré commandoit le bataillon de la 76.ᵉ demi-brigade, et la 100.ᵉ étoit commandée par le citoyen Autran.

(2) Il y a lieu de croire qu'au lieu de nous avoir été nuisible, cette circonstance nous a favorisés. Tous les paysans des environs assurent que la forte canonnade qui se faisoit entendre vers Kehl, détermina une grande partie des troupes des cantonnemens voisins à se mettre en mouvement vers ce point, ce qui a dû nécessairement retarder l'arrivée des forces qui ont marché contre nous. En effet l'ennemi, qu'on dit avoir été prévenu à minuit que nous allions passer le Rhin, ne voyant rien déboucher vers Diersheim au point du jour, heure que l'on choisit d'ordinaire pour ces expéditions, dut croire que la véritable at-

avoit presque pas de courant dans le bras $i, i,$ qu'il falloit encore parcourir pour arriver au grand Rhin, et l'on avançoit lentement : aussi, dès l'instant où notre flotille fût aperçue par le poste d, et par celui de la baraque du péage c, elle en essuya le feu assez long-temps sans y répondre. Dès qu'elle fut arrivée en vue de la batterie e, les deux pièces de canon que l'ennemi y avoit firent sur elle un feu très-vif. Les chefs des différentes colonnes virent alors l'impossibilité de suivre strictement la marche indiquée dans le projet pour les deux premières; elles n'eurent pu arriver aux lieux qui leur étoient désignés qu'en défilant très-long-temps sous le feu de l'artillerie

---

taque étoit éloignée; il dut supposer qu'elle s'effectuoit à l'endroit où il entendoit une canonnade assez vive, et peut-être l'avons-nous trouvé moins en force, et moins attentif à se garder à l'heure où nous avons attaqué, que si nous l'avions fait à l'heure prescrite. On peut conclure de là que dans certains cas il peut être avantageux que les fausses attaques n'aient pas lieu exactement à la même heure que l'attaque réelle qu'elles doivent protéger, et que souvent, suivant les circonstances, elles doivent ou la précéder, ou la suivre.

et de la mousquetterie, et l'ennemi auroit eu d'ailleurs beaucoup de temps pour se réunir et s'opposer en force à leur débarquement. Ils prirent le parti de les faire aborder toutes sur le gravier *b*, à l'endroit désigné pour la troisième colonne, et ils firent d'autant mieux que, le Rhin y étant assez étroit, ils accélérèrent considérablement par là le retour des bateaux qui devoient revenir à notre rive y faire un second embarquement.

Le reste de l'infanterie, consistant en deux bataillons de la 16.ᵉ demi-brigade légère, des 17.ᵉ et 31.ᵉ de ligne (1), et de deux bataillons de la 109.ᵉ, passa successivement sur les bateaux de transport. Le bateau plat fut employé à transporter quelques pièces de canon de 4, et des munitions.

On travailloit à monter le pont volant dans le bras *i, i*; lorsqu'il fut achevé, on le conduisit dans le grand Rhin, et on l'établit

---

(1) Les deux bataillons de la 16.ᵉ demi-brigade d'infanterie légère étoient commandés par le citoyen Pinot; la 17.ᵉ de ligne, par le citoyen Bord; la 31.ᵉ par le citoyen Gérard, et la 109.ᵉ par le citoyen Baulard.

en *o*. Il servit à passer plusieurs bouches à feu, des caissons, quelques hussards du 9.e régiment, et des dragons du 17.e, formant ensemble environ quatre cents chevaux (1). Ces transports furent continués successivement jusqu'à la nuit.

Un détachement considérable du corps franc de Michalovitz, cantonné à Diersheim, et rassemblé près de la baraque *c*, s'opposa vainement au premier débarquement. Il fut repoussé par notre avant-garde, qui se forma rapidement sur le gravier, et qui marcha au pas de charge sur la baraque du péage (près de laquelle ce corps étoit rassemblé), malgré deux petits bras qui traversoient ce gravier et qu'elle passa à gué; elle s'empara aussi du petit pont existant sur le vieux Rhin de Diersheim, aboutissant à cette baraque.

Six compagnies du régiment d'Alton, cantonnées à Bischoffsheim, accoururent bientôt pour renforcer l'ennemi; mais nos

------

(1) Les hussards du 9.e étoient commandés par le chef d'escadron Thouvenot, et les dragons du 17.e par le chef de brigade S. Dizier.

premières troupes débarquées s'étant em-
parées d'un grand bois qui borde la rive,
s'établirent derrière la digue qui le traverse,
et soutinrent ses efforts. Il se renforçoit
continuellement dans le village de Diersheim par des troupes fraîches ; cependant
nous nous disposâmes à l'y attaquer.

Nous fûmes d'abord repoussés à l'attaque
de ce village, à laquelle le général Duhesme fut blessé (1). Mais à l'aide des renforts organisés par le général Davoust, et les
adjudans-généraux Demont et Heudelet,
on forma une nouvelle attaque, qui réussit,
et Diersheim fut emporté.

L'ennemi, qui recevoit continuellement
de nouveaux renforts, fit de grands efforts
pour nous en chasser ; mais, les troupes du
second débarquement étant arrivées, nous
nous y maintinmes, et il fut vigoureuse-
ment repoussé.

---

(1) C'est en frappant lui-même sur une caisse de
tambour avec le pommeau de son sabre, pour ramener un bataillon à la charge, que ce général distingué
par son extrême bravoure eut la main percée d'une
balle.

Il fit encore une nouvelle attaque très-sérieuse sur notre centre ; mais, au moyen du troisième débarquement commandé par le général Jordy , le général Désaix fit déboucher sur ses flancs deux colonnes qui le mirent dans le plus grand désordre.

Notre droite s'étendoit vers Honau , et nous bordions les digues du Rhin jusqu'en f ; à peine repoussé sur le centre, l'ennemi reforme une autre attaque sur notre droite, et parvient à nous faire abandonner un retour de la digue qui appuyoit notre flanc droit. Il étoit de la plus grande importance de l'empêcher de s'y établir, parce que l'artillerie qu'il eût pu y amener auroit battu de revers toute notre ligne. Aussi les généraux Désaix et Davoust , à la tête de la 109.e demi-brigade, firent les plus grands efforts pour le repousser ; et malgré, les difficultés que présentoient un terrain coupé et marécageux, et un feu très-violent de mousquetterie, ils parvinrent à s'établir de nouveau sur cette digue dont il nous avoit délogés. C'est dans cette charge que le général Désaix fut blessé d'un coup de feu à la cuisse (1) .

La position des Autrichiens à leur droite et sur notre gauche, étoit si bien retranchée par la nature, qu'on n'avoit encore pu les y forcer. Quelques-uns de nos tirailleurs s'étoient d'abord avancés jusqu'à Freystett ; mais ils avoient été repoussés, et nous ne pouvions nous étendre de ce côté au - delà du point g. L'ennemi occupoit, en avant de Bischofsheim, un moulin situé sur un bras de la Holchenbach , qui de là coule à Freystett, en serpentant au pied d'un rideau

---

(1) Ce général, dont les vertus civiques et militaires ont rappelé celles du chevalier Bayard , auquel on l'a justement comparé , si célèbre dans toute la France par ses talens et son intrépidité, plus connu peut-être encore de l'ennemi par la terreur que lui porte son génie audacieux et entreprenant, a infiniment contribué au succès du passage ; c'est lui qui en a tellement pressé les préparatifs en l'absence du général en chef, qu'on a pu ouvrir la campagne six semaines plus tôt qu'on n'eût pu l'imaginer. Il est vrai qu'il a eu l'avantage d'être parfaitement secondé par le général Reynier, chef de l'état-major-général , et par les généraux La Martillière et Boisgérard, commandant l'artillerie et le génie, et de trouver remplis de zèle et d'ardeur, pour l'exécution de ce projet hardi, tous les chefs qui devoient y concourir.

assez élevé. Sur ce rideau, qui domine parfaitement toute la plaine et le lit du fleuve, étoient placées quatre batteries de canon de campagne ; et il suffit de jeter un coup d'oeil sur la carte pour concevoir quelle devoit être la difficulté, ou plutôt l'impossibilité, de traverser la plaine, de franchir la Holchenbach, et d'escalader l'escarpement du rideau sous le feu à mitraille de toute cette artillerie. Ainsi l'ennemi, bien appuyé sur sa droite, ne nous permettoit pas de faire le pont en *k*, à l'endroit où l'on avoit eu l'intention de le placer.

Les nombreux renforts de troupes fraîches qui lui arrivoient continuellement de Stollhoffen, de Boderswihr, de Kehl et d'Offenbourg, sa cavalerie, son artillerie, lui donnoient un grand avantage sur nous, qui n'avions encore pu passer que quelques pièces de bataillons, dont une partie étoit déjà démontée. Aussi, vers trois heures après midi, il fit au village de Diersheim sur notre centre une attaque très-vigoureuse. Après que son artillerie, par un feu vif et bien soutenu, eut réussi à démonter toute la nôtre (1), ses colonnes pénétrèrent dans le village, et il s'y engagea un combat d'infanterie terrible. Toute retraite nous étoit interdite ; nous n'avions pour manœuvrer qu'un terrain très-étroit, et nous n'avions de ressources que dans notre courage : il falloit vaincre ou périr dans le Rhin. Nos grenadiers, qui soutinrent la violence de ce choc, firent des prodiges de valeur. Enfin, après nous être maintenus quelque temps contre l'impétuosité de ses efforts (2), nous

(1) Vingt-et-une maisons du village furent incendiées par cette canonnade. Diersheim, enveloppé d'un tourbillon épais de flammes et de fumée, présentoit un spectacle terrible.

(2) Cette attaque fut soutenue par le général Jordy, qui y fut blessé légèrement à la tête. Il s'y trouva enveloppé par un peloton d'infanterie ennemie, et reçut une grêle de coups de canon de fusil sur les épaules. Les Autrichiens, le reconnoissant, ne voulurent pas le tuer, pour obtenir la récompense qu'on leur donne lorsqu'ils prennent un général vivant. Il dut son salut aux ménagemens que cette considération leur fit avoir pour lui, et il parvint heureusement à se faire jour avec son sabre et à se dégager de cette troupe. Les adjudans généraux Heudelet, Demont et l'adjoint Gauthier y furent aussi blessés. Les grenadiers des 10 et 31.ᵉ demi-brigades, un bataillon de la 76.ᵉ, la 17.ᵉ et la 31.ᵉ furent les corps qui soutinrent cette attaque.

fîmes marcher sur ses deux flancs des troupes qui le culbutèrent. Il fut repoussé, et
laissa le champ de bataille jonché de ca-
davres.

L'ennemi, n'ayant pas eu de succès à cette
attaque, voulut faire un autre effort sur
notre gauche; mais il y fut également repoussé par la 16.e demi-brigade d'infanterie légère, et la 100.e de ligne, qui s'y
trouvèrent.

Cependant les généraux Vandamme et
Davoust, profitant de l'attention que l'ennemi donnoit à ces attaques, pour lesquel
les il avoit dégarni sa gauche, enlevèrent le
village d'Honau, et y appuyèrent notre droite.

Telle étoit vers cinq heures notre situation, qui n'étoit encore rien moins que
rassurante. Le pont n'étoit pas commencé,
on ne communiquoit que par le pont volant,
et nous n'avions sur la rive droite que quatorze bataillons d'infanterie (1), une centaine

____

(1) Nos forces à la rive droite consistoient en deux
bataillons de la 16.e demi-brigade d'infanterie légère,
un bataillon de la 76.e de ligne, deux de la 109.e, la
7.e, la 31.e, et la 100.e, avec cent hussards du 9.e

de chevaux, trois pièces d'artillerie légère, et quelques pièces de bataillon. L'ennemi avoit contre nous dix bataillons d'infanterie, trois régimens de cavalerie, et quinze bouches à feu, très-avantageusement placées, et qui nous incommodoient infiniment.

Enfin, en voyant l'impossibilité d'établir le pont en *k*, comme on l'avoit projeté, on se détermina à le placer en *n*, immédiatement au-dessous du pont volant, quoique les communications en cet endroit fussent très-difficiles sur l'une et l'autre rives. On commença dès-lors à s'occuper de sa construction. Le transport des agrès n'étoit pas commode. Les bateaux n'ayant pu porter les longerons et les madriers, on avoit été obligé de placer ceux-ci sur des haquets, et de les conduire par terre ; ce convoi étoit rassemblé près du point d'embarquement. Il étoit impossible que ces lourdes voitures pussent traverser l'île boisée qui est sur notre rive entre Kilstett et le pont

régiment, et la compagnie d'artillerie légère de Legras; mais presque toutes nos bouches à feu étoient démontées.

volant, dont les chemins n'étoient pas encore praticables. Le commandant des pontonniers prit aussitôt le parti de faire embarquer ces agrès dans les bateaux, au même lieu où s'étoient embarquées les troupes, et de les faire conduire ainsi chargés jusqu'au lieu désigné pour la culée du pont, où il falloit encore les remettre à terre. Cette triple manœuvre, de décharger les voitures, de charger et de décharger les bateaux, eût nécessairement retardé sa construction si on n'y eût mis la plus grande diligence.

On commença vers six heures à travailler au pont, et; malgré l'incommodité du terrain, l'obscurité, et le feu de l'ennemi (1), il fut achevé avec une promptitude extra-

---

(1) On avoit fait avancer sur un gravier, en *m*, quelques pièces d'artillerie légère de la compagnie de Foy, pour protéger la construction du pont : elles tinrent l'ennemi en respect, parce qu'elles l'eussent pris en rouage s'il se fût avancé. Néanmoins, il avoit placé sur le rideau de la Holchenbach, vers Freystett, deux pièces de canon qui découvroient parfaitement le pont, et dont les boulets le dépassoient et venoient ricocher bien au-delà. Il ne put cependant réussir à en interrompre, ni même en retarder la manoeuvre.

ordinaire; à onze heures, il étoit entièrement établi.

Le travail du pont étoit en pleine activité à l'entrée de la nuit, lorsque l'ennemi nous attaqua encore une fois sur notre gauche. Nos troupes plièrent un moment, et l'ennemi s'avança si près du pont que le feu de sa mousquetterie y arrivoit ; mais il n'eut qu'un instant de succès, et il fut bientôt repoussé. Cela ne servit qu'à en accélérer la construction, en excitant l'ardeur des pontonniers, et des sapeurs qui leur aidoient au transport des agrés. Quoiqu'excédés de fatigues et de besoins, le vif désir de donner sur le champ à toute l'armée un libre passage qui assurât le succès de l'expédition, les fit redoubler de courage, et leur empressement pour avancer cet ouvrage étoit en raison du danger auquel ils voyoient leurs frères d'armes exposés à la rive droite jusqu'à ce qu'il fût terminé : jamais on n'a travaillé avec plus d'activité.

Un corps de l'aile droite de l'armée, aux ordres du général Dufour, venoit d'arriver: quatre demi-brigades d'infanterie, un régiment de cavalerie, un de dragons, deux compagnies d'artillerie légère, étoient prêts à passer le Rhin (1). La réserve de cavalerie, aux ordres du général Bourcier, étoit en marche, et n'étoit pas éloignée. Ainsi, le pont une fois établi, nous pouvions regarder le succès comme certain, et l'ennemi, qui depuis le matin avoit fait à six reprises différentes des efforts inouis pour nous culbuter, et n'avoit pu y parvenir, malgré la situation critique où nous nous trouvions, ne devoit plus espérer de nous vaincre lorsque nos communications furent parfaitement établies, et que nous eûmes la possibilité de faire promptement arriver des forces supérieures.

Cependant le lendemain, vers sept heures du matin, ayant aussi reçu de nouvelles troupes pendant la nuit, et se trouvant

______

(1) La 3.ᵉ demi-brigade d'infanterie légère, commandée par le chef de brigade Cassagne; la 3.ᵉ de ligne, par le citoyen Martilliere; la 24.ᵉ, par le citoyen Kester, et la 89.ᵉ, par le citoyen Rubi; le 2.ᵉ régiment de cavalerie, par le citoyen Radal, et le 4.ᵉ de dragons, par le citoyen Turfat; les compagnies d'artillerie légère de Foy et de Bechard.

fort de quinze bataillons, vingt escadrons, et vingt-cinq bouches à feu, il vint nous attaquer avec la plus grande vigueur (1). Son premier effort se dirigea contre le village d'Honau, et la droite de Diersheim :

---

(1) L'ennemi, qui eût dû savoir que le pont étoit établi, et que sans doute nos mouvemens de troupes étoient combinés de manière à recevoir bientôt une grande partie de nos forces, n'eût pas dû dès-lors nous attaquer ; il n'eût pu avoir que des succès momentanés. Connoissant la valeur |de nos troupes, vouloir les combattre lorsque nous étions à même de nous procurer l'avantage du nombre, c'étoit s'exposer à une déroute complette. C'est ce qui ne lui a pas manqué.

Je m'efforçois de prouver que le succès du six messidor n'étoit pas le fruit de la mauvaise conduite des troupes des Cercles, comme le prétendoient alors les Autrichiens et leurs partisans; qu'il étoit uniquement dû à nos savantes dispositions, secondées par la valeur de nos troupes. L'événement du premier floréal a bien justifié cette assertion : il a démontré d'une manière plus convainquante que tous les raisonnemens ne pourroient le faire, que tous les efforts que l'ennemi eût pu nous opposer à Kehl cussent été des efforts inutiles, puisque nous avons réussi à Diersheim, dans des circonstances plus défavorables, avec bien moins de moyens, sans avoir l'avantage de la surprise, et contre des troupes très-aguerries, qui ont mis dans leur défense toute l'énergie et toute l'opiniâtreté possibles.

il eut d'abord quelques succès ; mais il fut bientôt repoussé par les troupes fraîches qui venoient de nous arriver. Celui qu'il fit sur le centre fut bien plus terrible encore ; le principal débouché du village de Diersheim étoit investi par trois batteries considerables, qui le battoient en tête et par les deux flancs, à portée de mitraille , et qui démontèrent de nouveau la plus grande partie de notre canon (1). Après avoir préparé son attaque par un violent feu d'artillerie, ses colonnes se portèrent avec la plus grande rapidité sur le village. Pendant qu'une partie de nos troupes soutenoit ses efforts (2), une autre sortit par la droite de Diersheim, et vint l'attaquer sur son flanc gauche. Ce dernier corps fut chargé par une nombreuse

(1) C'est dans ce moment que le citoyen Foy, capitaine d'artillerie légère, fut blessé.

(2) Le corps qui soutint cette attaque étoit composé de la 3.e demi-brigade d'infanterie légère, de la 31.e et de la 76.e de ligne, commandées par le chef de brigade Cassagne. La 17.e et la 109.e de ligne furent celles qui débouchèrent du village, conduites par le général Davoust, pour tomber sur le flanc gauche de l'ennemi.

cavalerie, et celle-ci le fut à son tour par la nôtre, qui, quoique très-inférieure en nombre, n'hésita pas de courir au secours de notre infanterie (1). *Cette mélée, une des plus terribles qu'on puisse voir*, dura long-temps, et la victoire resta quelque temps incertaine; mais elle fut enfin décidée par une charge heureuse, effectuée par un escadron du 9.e régiment d'hussards, soutenu de quelques pelotons de cavalerie et de dragons, qui s'étoient ralliés; et l'ennemi fut forcé de se retirer. Notre grande infériorité en cavalerie ne nous permit pas encore de profiter de notre succès.

Enfin l'arrivée de notre réserve (2) et de son artillerie légère, en nous mettant à même de prendre l'offensive, assuroit définitivement notre position sur la rive droite, et nous promettoit une victoire prochaine et décisive. En effet, il ne nous fallut que quelques heures pour attaquer l'ennemi,

---

(1) Nous n'avions là que le 4.e régiment de dragons et le 2.e de cavalerie.

(2) Cette réserve étoit composée du 13.e régiment de dragons, des deux régimens de carabiniers, et des 12.e, 13.e, 14.e et 15.e régimens de cavalerie.

l'enfoncer, le mettre dans une déroute complette; pour le pousser d'un côté au-dessous de la Renchen, de l'autre bien au-delà de la Kintzig; pour le chasser de Freystett, Offenbourg, Oberkirch et Gengenbach, et pour emporter le fort de Kehl (1). La lassitude et la nuit arrêtèrent notre poursuite. Nous fîmes dans cette mémorable journée quatre mille prisonniers, au nombre desquels étoient le général Orelli, un officier d'état-major, et grand nombre d'officiers particuliers; nous prîmes plusieurs drapeaux, vingt pièces de canon, tous les équipages, la chancellerie de l'état-major,

---

(1) Ce fort fut enlevé par quelques dragons du 17.ᵉ régiment, qui passèrent la Kintzig à gué et sommèrent le commandant, qui se rendit en voyant arriver l'armée. Il faut convenir que dans l'état où il étoit, dépourvu de bâtimens et de magasins, il n'étoit pas tenable contre une armée. Depuis le 21 nivôse, les Autrichiens n'avoient cessé d'y travailler; ils en avoient fait sauter les revêtemens, et ils le reconstruisoient sur un nouveau tracé. Il n'y avoit pas trente-six heures que la campagne étoit ouverte, et nous étions maîtres de Kehl; de Kehl, qui avoit coûté à l'ennemi deux mois de siége et dix mille hommes de ses meilleures troupes! et nous étions en état d'y rétablir nos anciennes communications.

et une quantité considérable de chevaux et de caissons (1).

La voilà donc encore une fois franchie, cette barrière que depuis plusieurs siècles l'on croyoit presque insurmontable, et dans un espace de dix mois l'armée de Rhin et Moselle offre deux fois à l'Europe étonnée le spectacle de l'opération militaire la plus difficile et la plus hardie. Kehl, Diersheim ! lieux à jamais célèbres dans l'histoire, vous fûtes le théâtre des deux passages du Rhin les plus brillans *dont les annales militaires nous aient laissé l'exemple* (2),

---

(1) Ces deux fameuses journées nous coûtèrent environ cinq à six cents hommes tués, douze à quatorze cents blessés. Le capitaine du génie, Vendeling, jeune homme d'une grande espérance, fut tué. Les généraux Désaix, Duhem et Jordy, l'adjudant-général Demont, et l'adjoint Gauthier, furent blessés. Le chef de brigade Baudot, aide de camp du général en chef, eut son cheval tué sous lui. Le général Moreau eut le sien blessé.

(2) J'emprunte ces expressions d'un discours du président du directoire exécutif sur les succès de cette campagne. En effet, parmi les passages de fleuve dont l'histoire nous a transmis les détails, on en trouveroit peu qui pussent être comparés à ceux dont l'armée de Rhin et Moselle vient d'offrir des modèles, à

mais qui cependant diffèrent essentielle-ment entr'eux par les détails, et dont

---

des époques si rapprochées. Il n'en est peut-être pas qui ait été préparé par d'aussi belles dispositions, et qui ait aussi peu coûté à l'humanité que celui de Kehl; il n'en est pas qui ait été tenté avec aussi peu de res-sources en tout genre, exécuté avec plus d'audace, et défendu avec autant d'opiniâtreté que celui de Diersheim : il n'en est pas qui ait été couronné d'un succès plus complet, et plus décisif, que l'un et l'autre.

Sans parler de ceux dont le récit ne nous est par-venu qu'à travers une longue suite de siècles, et dont nous ne pouvons plus apprécier les difficultés ni les résultats, attendu la différence que le temps a mise entre les armes anciennes et les nôtres; nous ne pouvons non plus établir de comparaison entre les passages effectués sur le haut Rhin, et ceux qui en diffèrent par la nature et le caractère du fleuve; et tous ceux du bas Rhin doivent se ranger dans cette classe.

Au nombre de ceux qui se sont effectués entre Bale et Philippsbourg, dans la partie du Rhin où la multitude de ses bras, les bois et les marais qui rendent ses bords impraticables, l'inconstance de son lit, et sa rapidité, présentent tant de contrariétés, on ne peut compter comme un passage à force ouverte celui du maréchal de Turenne à Ottenheim, en 1675, puisqu'il ne fut pas disputé. Celui du prince Charles en 1744 fut très-mal défendu par les troupes impé-riales alors à la solde de la France, et l'Alsace se trou-voit dégarnie de troupes. Ce passage en lui-même fut

chacun est caractérisé par des traits particuliers.

---

moins brillant, et contribua moins à la gloire de ce
général, que les savantes dispositions qu'il fit pour
repasser le Rhin, et marcher au secours de la Bohême
envahie par Fréderic.

Ce même prince Charles avoit échoué complettement
l'année précédente dans une pareille entreprise. Il avoit
réuni tous les moyens possibles pour passer dans les
environs de Brisack. La nuit du 3 au 4 septembre
1743, il fit débarquer un corps de troupes considérable dans l'île de Reinach, où nous n'avions que
cent cinquante hommes : il travailla aussitôt à établir
un pont, et à construire dans l'île un retranche-
ment considérable pour en protéger la tête. Il ne lui
restoit plus qu'un petit bras du Rhin à traverser pour
pénétrer en Alsace : mais le maréchal de Coigni prit
des précautions si judicieuses, que, malgré la protection de dix-huit bouches à feu de gros calibre, en
batterie sur la butte du vieux Brisack, il n'osa jamais tenter le passage du petit bras qui lui restoit
encore à franchir ; il se morfondit dans cette île jusqu'au 17 octobre, qu'il prit le parti de replier son
pont et de se retirer. La tentative qu'il avoit faite la
même nuit quelques lieues au-dessus, entre Bamlach
et Rhinviller, ne fut pas plus heureuse. Quoiqu'il
eût passé sur cent trente-deux bateaux, dans un endroit très-favorable, où la rive droite commande parfaitement toute la gauche, et qu'à la faveur d'un
brouillard il eût abordé la terre ferme ; une redoute
qui défendoit l'entrée de la plaine, et qui ne conte-
noit que cinquante fusiliers et cinquante dragons,

L'un

L'un, prévu de longue main et préparé à loisir, est marqué au coin de la prudence;

l'arrêta assez pour donner le temps à des renforts considérables d'arriver, et tout ce qui avoit passé fut tué, pris ou noyé.

Le passage du Rhin par le maréchal de Villars à Huningue, en 1702, est celui auquel je trouve le plus de rapport avec les nôtres, parce qu'il fut tenté par un homme d'un caractère entreprenant, et parce qu'il fut effectué à la vue de l'ennemi. Ce fleuve, à Huningue, est partagé en deux bras par l'île du marquisat : le grand Rhin, qui est du côté de la place, a environ cent toises de largeur; le second n'en a que dix. On travailloit à rétablir dans l'île l'ouvrage à corne, qui avoit été rasé à la paix de Rysvick; le demi-bastion de gauche étoit relevé. Villars fit construire un pont de bateaux sur le grand Rhin; il fit armer ce demi-bastion avec douze pièces de vingt-quatre, et garnir d'une nombreuse artillerie les cavaliers, les remparts de la place, et toutes les positions des environs qui pouvoient le protéger. Le prince de Bade occupoit les hauteurs et le fameux rideau où étoit le fort de Friedlingen, et il s'avançoit jusqu'aux bords du Rhin, au moyen des redoutes et des tranchées qu'il avoit dans la plaine. Villars essaya, dans la nuit du 1.ᵉʳ octobre, de passer le second bras; mais quoiqu'il n'eût que dix toises de largeur, le feu de l'ennemi l'en empêcha. Ce ne fut que la nuit suivante, et après avoir écarté l'ennemi de la rive par la supériorité de son artillerie, qu'il parvint à s'établir en terre ferme. Il fit travailler sur le champ à un ouvrage pour couvrir ce second pont, et le 14 seulement il se déploya entre l'autre, pour ainsi dire brusqué, l'est à celui de l'audace et du génie : ici le terrain est parfaitement observé, les dispositions sont sagement et régulièrement combinées, tous les principaux obstacles prévus ; là une précipitation nécessaire permet à peine un coup d'œil rapide sur des localités qu'il faudroit, pour les bien connoître, envisager sous mille aspects. Les ennemis de notre gloire nous reprochent de n'avoir réussi à

---

le Rhin et la Weil, et attaqua le prince de Bade, après avoir eu l'adresse d'attirer vers Neubourg une partie de ses forces, et au moment où ce prince se mettoit en mouvement vers cette dernière place. Le gain de la fameuse bataille de Friedlingen fut la suite et le fruit de ces opérations.

Quoique le récit des détails de ces deux entreprises, qui ont eu lieu à Huningue et à Brisach, dépasse un peu les limites ordinaires d'une note, j'ai cru devoir les remettre sous les yeux du lecteur pour lui donner la facilité de comparer ensemble les dispositions de ces deux passages et de ceux de Kehl et de Diersheim, et pour lui faire mieux apprécier ces deux derniers. Si le maréchal de Villars, malgré la protection d'une artillerie formidable, fut arrêté deux jours par un ruisseau de dix toises; si la difficulté de passer un pareil bras a fait échouer entièrement le prince Charles, et l'a retenu quarante jours dans une île sans pouvoir parvenir à le franchir ; ne doit-on

Kehl, que par la mauvaise conduite des troupes impériales que nous avions à combattre : que pourront-ils alléguer en apprenant qu'à Diersheim nous avons soutenu dans un jour avec des forces inférieures six combats opiniâtres, contre les meilleures troupes autrichiennes ; que jamais ces troupes ne se sont battues avec autant d'acharnement (1), et qu'elles ont fait pen-

---

pas être étonné que l'armée de Rhin et Moselle ait seulement osé, avec ses foibles moyens, tenter le passage du Rhin à Diersheim? Aussi les nouvelles constructions de bateaux une fois terminées, cette armée regarderoit désormais comme très-facile une entreprise que l'ennemi a jugé lui-même si hasardeuse que, dans la campagne de l'an 3.ᵉ, après avoir fait des préparatifs immenses, il n'a jamais osé la tenter, quoiqu'il fût du plus grand intérêt pour lui d'y réussir à cette époque, attendu que notre situation politique et militaire étoit telle qu'une invasion dans l'Alsace n'eût pu avoir alors que les suites les plus funestes pour la République.

(1) Le seul régiment d'Alton, dont nous avons pris les débris, a eu au moins six cents hommes tués ou blessés. Jamais les troupes autrichiennes n'ont montré autant de valeur ; jamais elles n'ont proportionnellement perdu un aussi grand nombre d'officiers généraux et particuliers. De leur aveu, et suivant un rapport inséré dans la gazette aulique, ils ont eu dans dant trente heures des prodiges de valeur, et des efforts inouis pour nous culbuter dans le Rhin ? Le premier passage est absolument imprévu; les préparatifs s'en sont faits dans le plus grand secret; d'habiles manœuvres ont attiré l'armée de Wurmser à vingt-cinq lieues; assez heureux pour surprendre l'ennemi, notre premier établissement éprouve peu de résistance: le second est publié d'avance, l'ennemi en est instruit; retardés dans notre marche, nous sommes forcés d'aborder en plein jour, et son opiniâtreté nous force à construire notre pont sous le feu de son artillerie. En messidor, le fleuve est prodigieusement enflé, son extrême rapidité nous oppose mille obstacles; en floréal, la baisse extraordinaire des eaux nous prive de la plus grande partie de nos moyens. Enfin à Kehl le calme

---

les deux journées du 1.ᵉʳ et du 2.ᵉ floréal, cinq officiers tués; un général (*Staray*), quatre lieutenans-colonels, et quarante-trois officiers blessés; un général (*O· Relli*), un major et trente-deux officiers prisonniers. Le nombre des bas-officiers et soldats tués, blessés ou prisonniers, se monte à *quelques mille* hommes.

le plus profond règne dans les airs, et la lune éclaire paisiblement nos travaux ; à Diersheim, un orage violent retarde notre marche, et le feu des éclairs est le seul flambeau qui nous guide pendant la nuit la plus sombre, comme si chaque fois la nature s'étoit plue à disposer les airs d'une manière analogue au caractère particulier de chaque expédition.

Le 3 floréal, notre aîle gauche, commandée par le général S. Cyr, étant arrivée, l'armée se remit à la poursuite de l'ennemi sur quatre colonnes. L'aîle droite, commandée par le général Dufour, ayant sous ses ordres les généraux Gerard dit Vieux et Desenfans, et les adjudans généraux Donzelot et Pellegard, s'avança dans le Brisgau en remontant le Rhin. Le centre, sous les ordres du général Vandamme, se porta au Knubis et à Freudenstatt. Le général Davoust marcha avec un corps de troupes dans la vallée de la Kintzig ; tourné par une colonne ennemie que le hasard fit déboucher sur ses derrières, le 13.ᵉ de dragons en soutint l'effort, et lui donna le temps d'arriver avec le 8.ᵉ d'hussards, à l'aide duquel l'ennemi fut repoussé et poursuivi jusqu'à Haslach.

L'aîle gauche s'avança jusqu'à la rivière d'Acheren ; elle éprouva quelque résistance vers Lichtenau : mais l'ennemi fut battu et perdit dans ce combat une centaine de prisonniers.

Encore vingt-quatre heures, et nous aurions gagné le revers des montagnes noires, balayé toute la vallée de la Kintzig, et peut-être serions-nous parvenus jusqu'au Necker ; mais l'arrivée du courrier qui nous aportoit la signature des préliminaires de paix, suspendit notre marche victorieuse, et l'armée conserva la position où elle se trouvoit en cet instant. La droite s'avançoit à Capel jusques près d'Ettenheim ; de là notre ligne gagnoit Lahr, passoit à Gengenbach, Oberkirch, Nider-Acheren, et la gauche venoit s'appuyer au Rhin près de Lichtenau.

Enfin l'espérance d'une paix prochaine semble annoncer aux armées de la République le terme de leurs victoires. Soldats français ! vous qui, dans le courant de six campagnes glorieuses, avez donné de si grands exemples à la terre; qui, toujours étrangers aux factions de l'intérieur, n'avez jamais eu qu'un désir et qu'un but, celui de vaincre les ennemis du dehors, et de les forcer à consentir à la paix et au bonheur du monde; vous qui avez porté si haut les destinées du peuple français et couvert de gloire votre patrie, vous allez trouver dans la félicité publique, fruit de vos longs et glorieux travaux, la plus douce récompense de vos généreux sacrifices.

Et toi, brave Armée de Rhin et Moselle, que tu as bien eu ta part dans l'immense récolte de lauriers moissonnés dans cette guerre ! Ce n'est pas seulement sur l'étendue de tes conquêtes que doit se mesurer la reconnoissance de la nation; ce ne sera pas seulement par le nombre de tes victoires que la postérité te jugera et t'assignera la portion de gloire qui t'est due : le burin de l'histoire, en traçant le récit de tes exploits, n'omettra pas de faire valoir les circonstances difficiles (1) qui les

____

(1) De toutes les armées de la République, l'armée

rendent plus étonnans et qui en relèvent l'éclat.

Le début de cette armée, au commencement de la guerre, fut un coup d'éclat. L'ennemi, rassuré par son foible nombre et son inexpérience, ose former trop près d'elle des magasins considérables ; pour la 'première fois elle sort du territoire français, et Spire, quoique défendu par quatre mille

---

du Rhin est celle qui s'est constamment trouvée dans la position la plus défavorable sous tous les rapports. Jamais elle n'a eu des moyens de transports suffisans ; toujours elle a manqué de chevaux d'artillerie ; à chaque marche ses parcs ne pouvoient se mouvoir que par le secours des réquisitions. Elle a presque toujours vécu sur des pays épuisés, et les justes ménagemens qu'on avoit pour les habitans des départemens du Rhin, d'où elle tiroit ses ressources, ont empêché qu'elle ne pût être aussi bien approvisionnée que les autres armées qui tiroient les leurs des pays conquis. Elle a eu continuellement en tête les vieilles troupes autrichiennes, point de recrues, ni de nouvelles levées, et a eu toujours en opposition une cavalerie deux fois aussi nombreuse que la sienne. Il n'y a que ceux qui ont suivi cette armée depuis le commencement de la guerre, qui sachent combien sa marche a été souvent entravée par le défaut de ressources, et la pénurie de toute espèce dans laquelle elle s'est trouvée.

hommes, est enlevé de vive force en moins de trois heures, et quatre mille prisonniers viennent attester dans l'intérieur que les soldats de la liberté peuvent vaincre.

Forte seulement de vingt-deux mille hommes, elle ose se présenter devant Mayence avec une foible artillerie de campagne : son audace et la fierté de sa contenance en intimident le gouverneur ; il capitule, et **la** prise de cette place fameuse, qui depuis a coûté à l'Allemagne tant de trésors et de soldats, ne lui a pas fait perdre un seul homme. Deux fois plus nombreuse à cette époque, elle eût fait dans le cœur de l'Allemagne une invasion terrible ; mais suffisant à peine à garder ses conquêtes, elle se borne à faire contribuer Francfort, et, forcée de céder à toute l'armée prussienne échappée de la Champagne et renforcée de douze mille Hessois, elle se retire sur Mayence, fortifie Cassel, et en fait dans le cours de l'hiver une place redoutable.

La campagne de 1793 s'ouvre dans le Nord par des désastres : les vainqueurs de Gémappes, trahis par leur général, sont forcés d'abandonner la Belgique. Cette odieuse et lâche trahison met partout la méfiance à la place de la subordination : mille autorités se croisent dans les camps ; les délibérations des clubs ont une influence funeste, non-seulement sur le sort des généraux et des chefs, mais encore sur la conduite des opérations militaires. Cependant, quoique sans cesse menacée d'être tournée par les gorges des Vosges que l'armée de la Moselle a abandonnées, quoique forcée à la retraite par des forces très-supérieures, l'armée du Rhin l'effectue avec calme, et sans se laisser entamer, du Hundsruck aux lignes de la Lauter. Elle laisse dans Mayence cette intrépide garnison qui l'a défendue avec tant de vaillance, qui en a retardé les premières approches aux prix de tant de combats, qui a fait tant de sorties brillantes, et qui a si bien répondu, par sa conduite dans la Vendée, aux lâches calomnies par lesquelles on s'étoit efforcé de ternir sa gloire.

L'armée, affoiblie par les fortes garnisons qu'elle a été obligée de laisser dans Mayence et dans Landau, se renforce, et se réorganise pour être en état de marcher au secours de cette première place. Quelles sont les causes qui ont enchaîné si long-temps son courage dans le camp de Wissembourg? Quelle funeste division de pouvoirs l'a retenue si long-temps inactive, malgré le désir si souvent manifesté du soldat de marcher à Mayence, et les preuves de courage qu'il a données à la journée du 17 mai?

Enfin nos forces, qui ont été paralysées jusqu'à la mi-juillet, se mettent en mouvement; les premiers pas que nous faisons sont marqués par des succès. Les combats du 19 ont tous une heureuse issue; le gain de la bataille du 22, où notre infanterie soutint sans s'ébranler le choc d'une immense cavalerie, et où nous emportâmes la fameuse position de la chapelle Ste-Anne, nous donnoit l'espoir de pouvoir franchir tous les obstacles qui nous restoient encore à surmonter pour délivrer Mayence, lorsque nous apprîmes que nos victoires étoient trop tardives et que cette place n'avoit pu se soutenir plus long-temps.

L'armée revint sur la Lauter, et Landau,

qui devoit s'attendre à se voir investi par toutes les forces qui avoient pris Mayence, fit les préparatifs d'une vigoureuse défense.

Excepté les combats des 12 et 14 septembre, qui furent à notre avantage, il ne se passa rien de remarquable jusqu'au 13 octobre, que les Autrichiens tournèrent et forcèrent les lignes de la Lauter, et l'armée du Rhin fut obligée de se retirer jusque près de Strasbourg (1).

A peine lui eut-on donné pour chef un héros digne d'elle (2), que la victoire qui ne l'avoit abandonnée qu'un moment vint se ranger sous ses drapeaux. Dès le 26 brumaire, correspondant au 16 novembre (v. st.), après avoir couvert Strasbourg , et soutenu

---

(1) Assez de victoires ont immortalisé cette armée pour qu'on puisse parler de ses revers. On sait assez d'ailleurs à quelle cause ils sont dus, lorsqu'on se rappelle entre quelles mains étoit tombée la conduite militaire de l'armée, et de qui dépendoit l'existence des généraux et des officiers à cette époque.

(2) Le général PICHEGRU. Après l'hommage éclatant que le corps législatif vient de rendre à ce célèbre général, et qui rejaillit sur les armées compagnes de sa gloire, tout éloge de ses talens supérieurs et de son génie militaire deviendroit superflu.

pendant un mois tous les efforts de l'ennemi, de la Wantzenau à Saverne, nous commençons à remporter sur lui quelques avantages qui sont le prélude des succès qui vont nous conduire à Landau. Le 28, l'ennemi est battu, sur la gauche à Neuviller, sur la droite à la Wantzenau. Bouxweiller, Brumpt, Haguenau, Gambsheim, Offendorf, Drusenheim, Dauendorf, Werdt, Reishoffen, Oberséebach, sont les théâtres des nombreux combats qu'il a fallu livrer pour arriver au pied du Geisberg. La journée du 6 nivôse décide du sort de Landau : la position formidable du Geisberg est emportée, les lignes de la Lauter reprises, et le 8 la garnison de Landau, plus heureuse que celle de Mayence, embrasse ses libérateurs.

Germersheim, Spire, Frankenthal et Worms sont conquis en peu de jours, et l'évacuation du fort Vauban délivre entièrement le département du bas Rhin de la présence de l'ennemi.

Une troisième campagne va s'ouvrir : un vaste plan, qui doit être exécuté par quatre armées, comprend toute la ligne de Dunkerque à Landau ; l'armée du Nord doit être l'aîle marchante, et celle du Rhin, qui sert de pivot, sera réduite à un rôle défensif. En conséquence tous les soins, tous les efforts du gouvernement, se portent au Nord. Néanmoins, cette campagne, dont un militaire instruit peut seul apprécier le mérite, est à l'armée du Rhin une suite d'actions honorables; la conduite en est très - savante, et les résultats en sont assez glorieux pour que cette armée n'ait rien à envier à ses émules. Que de traits de valeur, que d'actions brillantes ont illustré les champs de Kurweiler, Platzberg, Schifferstadt, Frankenthal, Worms, Grünstadt, Kirchheim et Kaiserslautern, de Kaiserslautern, pris, repris et reconquis de nouveau! Il n'est pas un hameau dans le Palatinat, qui ne puisse attester la gloire de nos armes. L'hiver, un des plus âpres de ce siècle, n'arrête pas nos opérations; au milieu des glaces et des neiges, nous assiégeons et prenons la tête de pont de Mannheim, et formons le blocus de Mayence (1).

---

(1) C'est dans ce long blocus que l'armée du Rhin

L'inaction apparente de l'armée, au printemps de l'an 3, peut paroître aux yeux du vulgaire un moment de repos; mais l'observateur instruit saura apprécier l'habileté des marches et contre-marches par lesquelles on a empêché Wurmser de passer le Rhin, et par lesquelles on a fait échouer le projet qu'il avoit d'envahir la haute Alsace, malgré les immenses préparatifs qu'il avoit faits dans ce dessein.

Nous profitons du passage du Rhin par l'armée de Sambre et Meuse, pour nous emparer de Mannheim, et si l'immense supériorité de la cavalerie ennemie nous fait éprouver un échec en marchant à Heidelberg, on ne peut imputer ce léger revers à la conduite des troupes.

Clairfait réunit à l'armée autrichienne opposée à celle du Rhin, une partie de celle qui étoit en opposition de Sambre et Meuse; il réussit à forcer, et à tourner les lignes de

a donné des preuves d'une patience et d'un dévouement qui étonneront la postérité; son courage, au milieu de la plus affreuse misère et des plus cruelles privations, est plus digne d'éloges, peut-être, que celui qu'elle a déployé si souvent dans les combats.

contrevallation de Mayence, et nous sommes obligés de nous retirer sur celles de la Queich : mais dans cette retraite le terrain est défendu pied à pied, et peu s'en faut que l'ennemi ne soit battu sur la Pfrim, malgré l'immense avantage du nombre, et d'une artillerie considérable.

Mannheim, qu'on n'avoit pu bien approvisionner, se rend, et cependant la contenance de l'armée engage l'ennemi à demander lui-même une suspension d'armes.

La campagne de l'an 4.ᵉ commence sous de plus heureux auspices : le gouvernement constitutionnel est établi; la ligne de démarcation des autorités, dont le conflit a souvent été funeste, est bien tracée ; l'armée a une organisation plus parfaite, et la marche du service est mieux régularisée. Aussi le tableau de cette campagne offre-t-il une suite non interrompue d'opérations brillantes, et un phénomène jusque-là inconnu dans les fastes militaires, celui de la retraite d'une armée entièrement investie, et qui cependant n'a cessé d'être victorieuse. L'affaire de la Rehbach,

le

le passage du Rhin à Kehl; les batailles de Renchen, de Rastadt, d'Ettlingen, de Neresheim, de Friedberg, de Geisenfeld, de Biberach; les belles défenses de Kehl et d'Huningue, forment une liste assez nombreuse de victoires importantes et mémorables, pour être dispensé de citer la multitude de combats qui en sont les accessoires.

La campagne de l'an 5 n'a duré que trois jours; mais dans ces trois journées l'armée effectue le passage du Rhin le plus audacieux qu'on ait vu, livre une bataille et huit combats.

Tels sont les titres que l'armée de Rhin et Moselle s'est acquis à l'immortalité; elle n'a pas à regretter que la paix la prive des occasions de s'illustrer, et le repos de l'Europe ne coûtera rien à sa gloire. Que pourroit-elle y ajouter encore? Soldats victorieux, lorsque couronnés de chêne et de laurier, de retour au sein de nos familles, nous ferons à nos concitoyens le récit des victoires qui ont assuré leur liberté et leur bonheur, que nous exciterons par ce récit l'émulation et l'ardeur guerrière d'une jeunesse attentive et impatiente, et lorsque nous recueillerons partout l'expression de la reconnoissance, chacun de nous pourra dire avec un juste orgueil, *et moi aussi j'étois de l'armée du Rhin.*

F I N.

L'éditeur de cette relation a pensé qu'un morceau de poésie sur le même sujet ne seroit pas déplacé ici, et que le public le verroit avec plaisir.

LE DERNIER PASSAGE DU RHIN.

LES baisers du printemps rajeunissoient la terre ;
Flore, de ses parfums, embaumoit l'atmosphère,
Et Phébus de plus près échauffoit nos climats.
La nature, assoupie au milieu des frimats,
S'ornoit, à son réveil, d'une verte couronne,
Et couvoit dans son sein les trésors de Pomone.
On croyoit du chaos voir sortir l'univers.
Les hôtes des forêts, les habitants des airs,
Éprouvoient chaque jour, en saluant l'Aurore,
Le besoin de renaître et d'exister encore.
L'homme aussi, dévoré d'un inquiet désir,
Sentoit, comme une fleur, son cœur s'épanouir,
Et sembloit enivré d'une volupté pure :
Dans chaque être créé fermentoit la nature.
  D'une riche moisson déjà l'espoir germoit.
A la douce chaleur que Phébus nous versoit
Les nuages joignoient une onde salutaire,
Et le ciel s'épuisoit pour enrichir la terre.
  Déjà le laboureur calcule le produit
Des épis encore verts qu'en son cœur il mûrit,
Et son avidité récueille en espérance
Les biens anticipés d'un été qui s'avance.
Le bonheur a gravé son image en tous lieux ;
Il est dans tous les cœurs, il est dans tous les yeux.

E 2

Tout sourit, le Zéphir, les fleurs et la verdure.....
Mais, à ce doux réveil de toute la nature,
La guerre va bientôt rallumer ses fureurs,
Et de sanglans lauriers vont croître auprès des fleurs !

Oh ! que l'orgueil des rois coûte cher à la terre !
La sombre politique, avec art sanguinaire,
De cent mille guerriers réunissant l'effort,
Du fond d'un cabinet les dévoue à la mort.
Ils marchent !.... Mais déjà je le vois qui s'apprête,
Ce jour si mémorable et de deuil et de fête,
Où la paix, couronnant l'ardeur de nos guerriers,
Sur leurs fronts glorieux joint l'olive aux lauriers.

Envain Mars, en tous lieux, protégea ma patrie;
Ma plume ne sait point célébrer sa furie :
Mais, lorsque son flambeau s'est éteint pour jamais,
Je chante les combats pour mieux chanter la paix.

La nuit couvroit les cieux d'un voile épais et sombre;
Les couleurs du printemps s'effaçoient dans son ombre :
Sous des rideaux sanglans Phébus s'étoit couché.
Le sinistre hibou, sur un vieux toit perché,
Attristoit les échos de ses clameurs funèbres,
Et sa voix ajoutoit à l'horreur des ténèbres.
Du sein de la fraîcheur et du calme des airs
Les pavots de Morphée inondoient l'univers,
Et l'humble villageois, tranquille en sa chaumière,
Savouroit les douceurs d'un repos nécessaire :
Tout dormoit..... un cri part : aux armes! et soudain
La foudre est allumée en cent tubes d'airain;
Ses éclats répétés succèdent au silence;
Sur des ailes de feu la mort vole et s'élance;

Le boulet, par cent bonds, saute de rang en rang;
S'arrête, et tombe enfin dans un marais de sang;
Et l'obus, de la nuit perçant les voiles sombres,
Par un long trait de flamme a sillonné les ombres.

Dispersés par l'effroi, par l'effroi réunis,
Les soldats de *François*, à regret ennemis,
D'un bras las de combattre ayant saisi leurs armes,
S'apprêtent à nous rendre alarmes pour alarmes,
Jaloux de protéger les germaniques bords.
Mais les guerriers français redoublent leurs efforts,
Et, pour franchir du Rhin les barrières profondes,
Il affrontent le fer et les feux et les ondes.
Sous une triple forme, à leurs cœurs courageux
La mort s'offre partout; elle brille à leurs yeux,
Écume sous leurs pas, et gronde sur leurs têtes:
Toujours à la braver nos légions sont prêtes.
Déjà, pour contenter l'ardeur de nos héros,
Les efforts de la rame ont maîtrisé les flots;
Le fleuve sent dompter sa fureur destructive:
C'en est fait; vingt bateaux ont touché l'autre rive.

Le Rhin, qui sous *Louis* s'indignoit autrefois,
Des Français aujourd'hui secondant les exploits,
Soumet son onde, et veut, comme jadis le Tibre,
Arroser, dans son cours, les champs d'un peuple libre.

L'intrépide *Vandamme* et six mille soldats
Sur la rive ennemie ont affermi leurs pas.
Sans secours, sans retraite, épars sur ce rivage,
Ils ont, pour tout rempart, du fer et du courage.
Mille foudres déjà sont tombés dans leurs rangs;
Des cuirassiers germains les escadrons pesans

Accourent enfoncer leur cohorte intrépide,
Et des hussards légers déjà l'essaim rapide,
A la fois altéré de pillage et de sang,
Les presse, en voltigeant, sur l'un et l'autre flanc.
D'autres que des Français pourroient fuir et se rendre:
Nos soldats, sans effroi, songent à se défendre,
Et leur chef, digne d'eux, ne leur prodigue point
Des encouragemens dont ils n'ont pas besoin;
Il les anime tous, mais c'est par son exemple:
De périls entouré, tranquille, il les contemple.
Tant de vaillans exploits vont être couronnés.

Déjà trente bateaux, l'un à l'autre enchaînés,
Après beaucoup d'efforts joignant chaque rivage,
A nos guerriers enfin ont ouvert le passage.
Ici chacun du pas se dispute l'honneur.
Déjà *Moreau*, *Désaix* s'élancent, pleins d'ardeur,
Et parmi les dangers courent chercher la gloire:
On croiroit, devant eux, voir marcher la victoire.

Mais quel renfort nombreux enfin s'est avancé?
Tremblez, fuyez Germains! la réserve a passé.
De centaures français une élite guerrière,
Et ces soldats instruits à lancer le tonnerre,
De *Vandamme* et des siens vont seconder l'effort;
Et le fer et l'airain vous préparent la mort.
Tout se mêle à la fois, tout combat avec rage.
Moreau, qui sait tout vaincre, excepté son courage,
Général en talens, et soldat en valeur,
Ne peut plus modérer l'excès de son ardeur.
Parmi des flots de sang, au milieu du carnage,
Il court, le glaive en main, se frayer un passage.

Son coursier a déjà le front ensanglanté
D'un coup..... d'un coup, hélas ! qui lui fut destiné !
« Contiens, jeune héros, les transports de ton zèle :
« La France espère en toi ; l'Europe espère en elle.
« Sur ta vie, aujourd'hui, veille avec plus de soin ;
« Conserve-nous tes jours, nous en avons besoin. «

    Les généraux germains imitent sa vaillance :
Au poste du péril, bientôt *Klinglin* s'élance ;
Starrai s'avance et tombe : *O-Relly*, trop ardent,
Vole, est atteint du fer ; son sang coule, il se rend.
Mais c'est pour les Français que le sort se déclare.
La troupe de *Starrai* s'ébranle, se sépare,
Se disperse et s'enfuit. La victoire est à nous.
Déjà sur les fuyards on dirigeoit ses coups,
Quand un cri, dans les airs, s'élance et se répète :
Français, embrassons-nous, la paix, la paix est faite !

    Nos soldats, à ce bruit, n'osoient se confier,
Quand tout-à-coup on voit s'avancer un guerrier,
Portant entre ses mains cette olive chérie
Qu'aux champs tyroliens Buonoparte a cueillie.

    « Buonaparte ! au milieu de tes brillans succès,
« Ta plus belle conquête est celle de la paix.
« Généreux par besoin, vainqueur par habitude,
« Bien servir ton pays est ta plus douce étude.
« Comme il te doit sa gloire, il te doit son bonheur. »
    Les Français, à l'instant, déposent leur fureur.
Chacun jette son arme, et dans son adversaire
Ne voit plus qu'un ami, court embrasser un frère.
L'ivresse de la joie a saisi tous les cœurs.
O paix, ô douce paix, viens essuyer nos pleurs !

Sous ta féconde main le bonheur doit éclore :
Des beaux jours de la France on entrevoit l'aurore.
Les plaisirs, les talens, qui fuyoient nos climats,
Vont bientôt parmi nous revenir sur tes pas ;
Et mon pays sera, pour l'Europe affranchie,
L'école des vertus et celle du génie.
Dans les arts, dans les mœurs, on viendra s'y former.
Des cœurs qui s'estimoient à présent vont s'aimer.

Et vous jeunes guerriers, défenseurs de la France,
Venez cueillir les fleurs de sa reconnoissance.
Elle vous doit la paix et la félicité ;
Et votre récompense est l'immortalité.

Par le citoyen FOURCY, *Lieutenant au*
7.me régiment d'artillerie à pied.

ADJUDICATION DU JOUR

par un Dimanche,

Observation d'Intelligence

[illegible] de plaisir

[illegible]

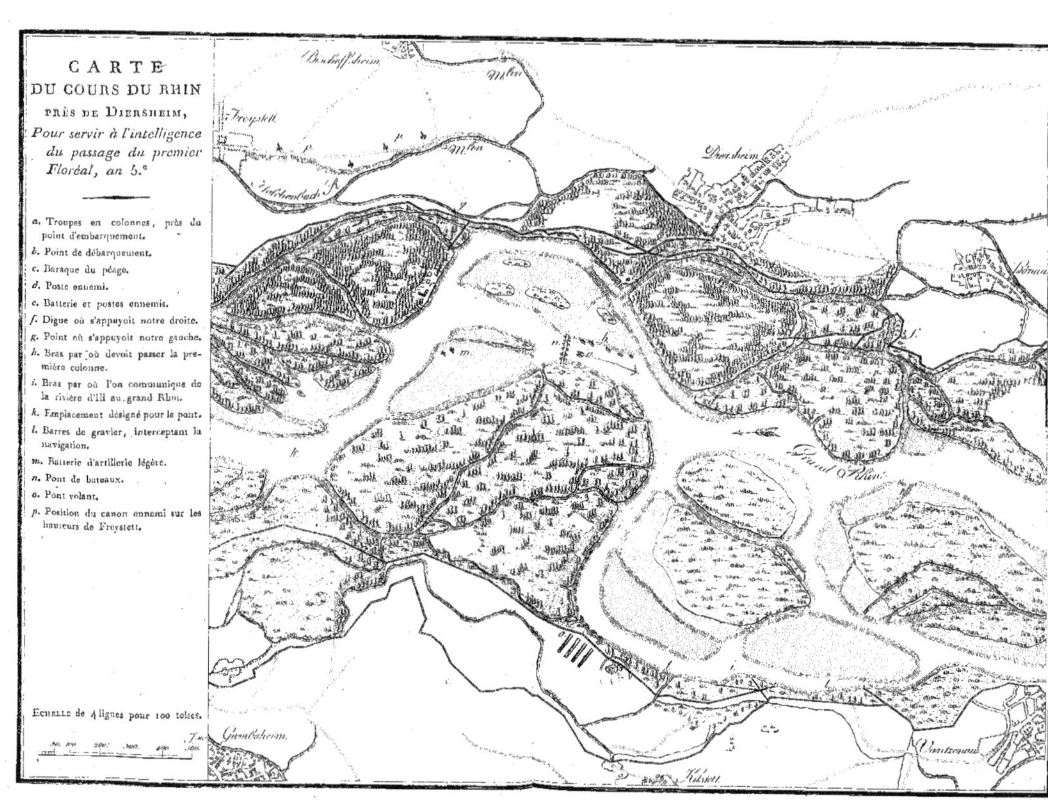

CARTE
DU COURS DU RHIN
PRÈS DE DIERSHEIM,
Pour servir à l'intelligence
du passage du premier
Floréal, an 5.e

a. Troupes en colonnes, près du point d'embarquement.
b. Point de débarquement.
c. Baraque du péage.
d. Poste ennemi.
e. Batterie et postes ennemis.
f. Digue où s'appuyoit notre droite.
g. Point où s'appuyoit notre gauche.
h. Bras par où devoit passer la première colonne.
i. Bras par où l'on communique de la rivière d'Ill au grand Rhin.
k. Emplacement désigné pour le pont.
l. Barres de gravier, interceptant la navigation.
m. Batterie d'artillerie légère.
n. Pont de bateaux.
o. Pont volant.
p. Position du canon ennemi sur les hauteurs de Freystett.

Echelle de 4 lignes pour 100 toises.

Bauhoffsheim.
Freystett.
Milin.
Moldenbach R.
Milin.
Diersheim.
Kirnau.
Grand Rhin.
Gambsheim.
Unitzenau.
Kilstett.